Table of Contents

(Answer Key in Back)

ISBN: 978-1-63578-306-3

Current contact information for Libro Studio LLC can be found at www.LibroStudioLLC.com

Day 1
2 Digits x 1 Digit

Name: _____

Score:

simple
easy
awsome
Geico

① 7
x 41
287

② 34
x 2
68

③ 6
x 83
498

④ 27
x 5
135

⑤ 30
x 6
180

⑥ 92
x 3
276

⑦ 8
x 24
192

⑧ 46
x 9
414

⑨ 15
x 3
45

⑩ 48
x 4
192

⑪ 2
x 93
186

⑫ 6
x 32
192

⑬ 5
x 77
385

⑭ 90
x 3
270

⑮ 32
x 7
224

⑯ 6
x 68
408

Name: _____

Score:

①   3
   x 70
   210

②   62
   x 5
   310

③   8
   x 91
   728

④   62
   x 7
   434

⑤   47
   x 2
   94

⑥   45
   x 28
   140

⑦   3
   x 73
   219

⑧   4
   x 38
   152

⑨   13
   x 3
   39

⑩   73
   x 7
   511

⑪   82
   x 9
   738

⑫   8
   x 72
   576

⑬   8
   x 32
   256

⑭   6
   x 45
   270

⑮   82
   x 3
   246

⑯   8
   x 99
   792

Name: _____

Score:

① 5
x 91

② 3
x 72

③ 8
x 22

④ 35
x 6

⑤ 41
x 4

⑥ 82
x 5

⑦ 4
x 74

⑧ 72
x 4

⑨ 20
x 6

⑩ 44
x 9

⑪ 3
x 52

⑫ 74
x 8

⑬ 6
x 82

⑭ 4
x 60

⑮ 45
x 6

⑯ 7
x 51

Name: _____

Score:

① 8
x 23

② 71
x 3

③ 3
x 63

④ 82
x 7

⑤ 8
x 89

⑥ 2
x 35

⑦ 7
x 34

⑧ 6
x 32

⑨ 63
x 5

⑩ 83
x 8

⑪ 3
x 88

⑫ 77
x 4

⑬ 42
x 7

⑭ 44
x 9

⑮ 31
x 6

⑯ 2
x 75

Name: _____

Score:

①   2
x 54

②   3
x 43

③   6
x 56

④   9
x 23

⑤   3
x 68

⑥   54
x 2

⑦   54
x 8

⑧   7
x 71

⑨   34
x 7

⑩   82
x 2

⑪   8
x 44

⑫   7
x 82

⑬   79
x 6

⑭   55
x 5

⑮   83
x 2

⑯   24
x 2

Day 6

2 Digits x 1 Digit

Name: _____

Score:

① 32
x 3

② 21
x 4

③ 85
x 7

④   7
x 60

⑤ 28
x 4

⑥ 72
x 4

⑦   6
x 15

⑧ 32
x 5

⑨ 28
x 8

⑩   9
x 25

⑪   7
x 28

⑫ 43
x 6

⑬ 92
x 6

⑭   5
x 84

⑮ 12
x 7

⑯   8
x 59

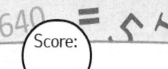

Name: _____

Score:

①   6
x 31

②   22
x   7

③   8
x 23

④   29
x   8

⑤   64
x   8

⑥   1
x 82

⑦   4
x 18

⑧   45
x   4

⑨   21
x   8

⑩   45
x   7

⑪   61
x   9

⑫   58
x 2

⑬   67
x   3

⑭   21
x   8

⑮   2
x 52

⑯   7
x 41

Name: _____

Score:

①   5
x 35

②   7
x 43

③   8
x 24

④   2
x 86

⑤   7
x 16

⑥   9
x 88

⑦   9
x 32

⑧   6
x 23

⑨   72
x 4

⑩   8
x 51

⑪   84
x 3

⑫   5
x 43

⑬   8
x 99

⑭   73
x 4

⑮   21
x 8

⑯   96
x 2

Name: _____

Score:

① 62
x 3

② 8
x 21

③ 5
x 92

④ 53
x 2

⑤ 6
x 72

⑥ 82
x 5

⑦ 44
x 6

⑧ 32
x 4

⑨ 9
x 75

⑩ 6
x 32

⑪ 7
x 24

⑫ 7
x 21

⑬ 43
x 3

⑭ 82
x 7

⑮ 58
x 6

⑯ 98
x 4

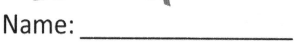

Name: _____

Score:

①   8
x 23

②   32
x 6

③   12
x 7

④   39
x 2

⑤   22
x 7

⑥   14
x 6

⑦   56
x 9

⑧   83
x 5

⑨   50
x 7

⑩   38
x 3

⑪   3
x 19

⑫   26
x 4

⑬   3
x 79

⑭   2
x 83

⑮   48
x 8

⑯   48
x 7

Name: _____

Score:

①   9
x 48

②   3
x 70

③   5
x 48

④   2
x 24

⑤   27
x 6

⑥   7
x 91

⑦   6
x 84

⑧   79
x 8

⑨   9
x 28

⑩   13
x 5

⑪   68
x 7

⑫   2
x 95

⑬   84
x 5

⑭   7
x 49

⑮   8
x 23

⑯   7
x 65

Name: _____

Score:

① 92
x 5

② 48
x 6

③ 7
x 99

④ 38
x 4

⑤ 7
x 31

⑥ 3
x 68

⑦ 2
x 94

⑧ 49
x 4

⑨ 59
x 9

⑩ 49
x 8

⑪ 5
x 87

⑫ 6
x 92

⑬ 78
x 6

⑭ 95
x 7

⑮ 3
x 64

⑯ 7
x 50

Name: _____

Score:

① 42
x 8

② 59
x 3

③ 5
x 45

④ 5
x 52

⑤ 27
x 5

⑥ 8
x 49

⑦ 3
x 52

⑧ 5
x 30

⑨ 18
x 5

⑩ 33
x 7

⑪ 3
x 16

⑫ 26
x 8

⑬ 40
x 3

⑭ 6
x 38

⑮ 49
x 9

⑯ 17
x 5

Name: _____

① 7
x 28

② 9
x 27

③ 4
x 17

④ 2
x 39

⑤ 6
x 84

⑥ 49
x 5

⑦ 90
x 9

⑧ 3
x 81

⑨ 7
x 68

⑩ 41
x 5

⑪ 3
x 39

⑫ 3
x 26

⑬ 85
x 9

⑭ 74
x 6

⑮ 34
x 5

⑯ 27
x 8

Name: _____

① 3
x 83

② 27
x 6

③ 8
x 30

④ 38
x 9

⑤ 30
x 2

⑥ 49
x 7

⑦ 7
x 28

⑧ 55
x 4

⑨ 38
x 7

⑩ 18
x 8

⑪ 4
x 52

⑫ 4
x 99

⑬ 2
x 57

⑭ 48
x 4

⑮ 39
x 2

⑯ 9
x 44

Name: _____

Score:

①   60
   x 4

②   5
   x 48

③   3
   x 27

④   6
   x 81

⑤   44
   x 2

⑥   67
   x 9

⑦   6
   x 58

⑧   58
   x 8

⑨   4
   x 58

⑩   67
   x 8

⑪   15
   x 7

⑫   3
   x 18

⑬   24
   x 6

⑭   3
   x 68

⑮   8
   x 49

⑯   2
   x 59

Day 17

2 Digits x 1 Digit

Name: _____

Score:

① 5
x 58

② 48
x 3

③ 8
x 49

④ 29
x 3

⑤ 95
x 5

⑥ 50
x 6

⑦ 18
x 4

⑧ 47
x 6

⑨ 9
x 79

⑩ 59
x 5

⑪ 5
x 48

⑫ 60
x 7

⑬ 98
x 6

⑭ 9
x 47

⑮ 48
x 4

⑯ 3
x 85

Day 18
2 Digits x 1 Digit

Name: _____

Score:

① 62
  x 7

② 25
  x 8

③ 3
  x 54

④ 21
  x 9

⑤ 5
  x 10

⑥ 49
  x 4

⑦ 8
  x 90

⑧ 95
  x 7

⑨ 27
  x 9

⑩ 40
  x 5

⑪ 66
  x 9

⑫ 4
  x 49

⑬ 7
  x 56

⑭ 78
  x 9

⑮ 8
  x 18

⑯ 79
  x 3

Day 19

2 Digits x 1 Digit

© Libro Studio LLC 2019

Name: _____

Score:

①   3
x 67

②   49
x 3

③   6
x 60

④   9
x 55

⑤ 60
x 4

⑥ 37
x 9

⑦ 95
x 8

⑧ 59
x 7

⑨ 19
x 6

⑩   8
x 77

⑪   2
x 48

⑫   3
x 59

⑬ 55
x 5

⑭   4
x 23

⑮   6
x 78

⑯   8
x 37

Name: _____

Score:

① 4
x 50

② 58
x 7

③ 5
x 17

④ 43
x 5

⑤ 38
x 7

⑥ 9
x 71

⑦ 44
x 6

⑧ 49
x 5

⑨ 3
x 54

⑩ 47
x 8

⑪ 8
x 38

⑫ 70
x 2

⑬ 24
x 6

⑭ 85
x 8

⑮ 99
x 7

⑯ 58
x 3

Name: _____

Score:

① 531
x 7

② 2981
x 3

③ 5
x 632

④ 4053
x 6

⑤ 365
x 2

⑥ 3
x 1004

⑦ 517
x 8

⑧ 4
x 746

⑨ 6
x 890

⑩ 1844
x 5

⑪ 263
x 9

⑫ 6701
x 7

Name: _____

Score:

① 4996
x 9

② 3738
x 4

③ 8
x 148

④ 4154
x 9

⑤ 370
x 6

⑥ 4719
x 3

⑦ 490
x 4

⑧ 4
x 748

⑨ 2383
x 4

⑩ 970
x 8

⑪ 2391
x 5

⑫ 8
x 4951

Name: _____

Score:

①   8
   x 521

② 2658
   x   6

③   9
   x 9258

④ 4859
   x   6

⑤ 385
   x   5

⑥   6
   x 2008

⑦   2
   x 324

⑧   7
   x 885

⑨ 4291
   x   6

⑩   8
   x 977

⑪ 280
   x   5

⑫ 4961
   x   8

Name: _____

Score:

① 213
x 6

② 5487
x 8

③ 2
x 414

④ 2019
x 5

⑤ 2154
x 7

⑥ 520
x 9

⑦ 330
x 4

⑧ 3
x 2314

⑨ 4832
x 3

⑩ 195
x 8

⑪ 498
x 6

⑫ 7
x 251

Name: _____

Score:

① 329
x   3

② 3471
x   6

③   6
x 512

④   8
x 4322

⑤   9
x 3296

⑥   5
x 138

⑦ 852
x   7

⑧   2
x 9328

⑨   3
x 374

⑩   6
x 3265

⑪ 837
x   7

⑫ 3196
x   2

Name: _____

Score:

①   7
x 122

②   4
x 245

③   3
x 485

④   322
x   7

⑤   231
x   9

⑥   7
x 2224

⑦   2333
x   2

⑧   7646
x   5

⑨   4
x 2851

⑩   217
x   6

⑪   2
x 3278

⑫   8
x 984

Name: _____

Score:

① 223
x 4

② 3347
x 2

③ 6
x 248

④ 8
x 472

⑤ 2645
x 8

⑥ 2014
x 7

⑦ 2731
x 9

⑧ 4
x 9818

⑨ 2
x 234

⑩ 2014
x 2

⑪ 263
x 7

⑫ 1941
x 6

Name: _____

Score:

① 2411
x   7

②   121
x   9

③   7
x 651

④ 2318
x   6

⑤   2
x 249

⑥   6
x 200

⑦ 5123
x   1

⑧   8
x 777

⑨   5
x 3214

⑩ 3278
x   9

⑪   4
x 3612

⑫ 9284
x   8

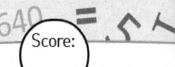

Name: _____

Score:

①   5
x 2459

② 9631
x   4

③   7
x 3981

④   9
x 205

⑤ 412
x   7

⑥   4
x 190

⑦ 9228
x   7

⑧ 3451
x   2

⑨   6
x 924

⑩ 2013
x   5

⑪   3
x 492

⑫ 8521
x   4

Day 30

3 & 4 Digits x 1 Digit

Name: _____

Score:

① 1212
x   8

② 　　9
x 184

③ 　　4
x 2341

④ 201
x   3

⑤ 　　8
x 925

⑥ 　　3
x 2017

⑦ 　　7
x 231

⑧ 　　3
x 217

⑨ 　　2
x 999

⑩ 1818
x   7

⑪ 924
x   3

⑫ 　　5
x 606

Name: _____

Score:

①   287
   x   2

②   9253
   x   9

③   3
   x 333

④   201
   x   8

⑤   1555
   x   5
   7775

⑥   2
   x 2020

⑦   318
   x   8

⑧   3
   x 926

⑨   8
   x 952

⑩   8541
   x   9

⑪   2757
   x   7

⑫   321
   x   5

Name: _____

Score:

①   3
   x 215

② 9991
   x   2

③ 514
   x   8

④ 2314
   x   7

⑤ 2347
   x   8

⑥   4
   x 100

⑦ 398
   x   7

⑧   4
   x 2321

⑨ 314
   x   6

⑩ 5954
   x   5

⑪ 4273
   x   4

⑫ 7841
   x   9

Name: _____

Score:

① 124
  x   8

② 287
  x   7

③   8
  x 147

④ 2015
  x   7

⑤ 365
  x   7

⑥   4
  x 509

⑦   2
  x 3851

⑧   5
  x 847

⑨   5
  x 898

⑩ 7318
  x   8

⑪ 415
  x   4

⑫   3
  x 6767

Name: _____

Score:

① 142
   x   6

② 2221
   x   5

③   8
   x 633

④   2
   x 964

⑤ 1471
   x   7

⑥   4
   x 523

⑦ 4285
   x   9

⑧ 461
   x   3

⑨ 2354
   x   6

⑩   8
   x 267

⑪ 658
   x   3

⑫ 8743
   x   1

Day 35
3 & 4 Digits x 1 Digit

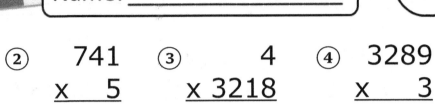

Name: _____

Score:

① 3581
x   7

② 741
x   5

③   4
x 3218

④ 3289
x   3

⑤ 3213
x   2

⑥   4
x 2525

⑦ 1482
x   6

⑧   9
x 999

⑨   2
x 4872

⑩ 3333
x   1

⑪   7
x 963

⑫ 2147
x   2

Day 36

3 & 4 Digits x 1 Digit

①   6
x 8534

② 9478
x   1

③   8
x 322

④ 3648
x   2

⑤ 362
x   6

⑥ 472
x   3

⑦ 928
x   6

⑧   4
x 4478

⑨   6
x 3930

⑩ 9247
x   4

⑪   2
x 457

⑫ 8421
x   2

Name: _____

Score:

①   587
   x   4

②   2134
   x   7

③   1
   x 3471

④   4
   x 1178

⑤   2411
   x   8

⑥   4
   x 2223

⑦   6952
   x   7

⑧   351
   x   4

⑨   391
   x   3

⑩   5214
   x   8

⑪   234
   x   2

⑫   9
   x 540

Name: _____

Score:

①   3
   x 248

②   3215
   x   2

③   721
   x   4

④   3258
   x   8

⑤   6
  x 9391

⑥   4
  x 3214

⑦   638
   x   9

⑧   3
  x 451

⑨   8
  x 3256

⑩   5
  x 713

⑪   874
   x   1

⑫   9236
   x   6

Name: _____

Score:

① 2291
x   7

② 345
x   5

③   2
x 321

④ 1118
x   8

⑤ 5587
x   7

⑥   2
x 1478

⑦   6
x 4500

⑧   7
x 3416

⑨   5
x 923

⑩ 3947
x   5

⑪ 964
x   9

⑫   2
x 3459

Name: _____

Score:

① 231
  x   6

② 3148
  x   2

③   5
  x 945

④ 331
  x   8

⑤ 321
  x   8

⑥   4
  x 9144

⑦ 358
  x   7

⑧   6
  x 6316

⑨   6
  x 568

⑩ 248
  x   5

⑪ 315
  x   9

⑫ 2018
  x   2

Name: _____

Score:

①   87
   x 41

②   34
   x 62

③   26
   x 83

④   27
   x 15

⑤   30
   x 36

⑥   92
   x 93

⑦   81
   x 24

⑧   46
   x 49

⑨   15
   x 83

⑩   48
   x 54

⑪   37
   x 93

⑫   80
   x 32

Name: _____

Score:

① 25
x 25

② 48
x 21

③ 21
x 34

④ 31
x 98

⑤ 27
x 34

⑥ 14
x 31

⑦ 80
x 20

⑧ 14
x 15

⑨ 15
x 37

⑩ 52
x 87

⑪ 14
x 15

⑫ 90
x 90

Name: _____

Score:

① 21
x 51

② 34
x 77

③ 25
x 99

④ 87
x 39

⑤ 45
x 45

⑥ 77
x 66

⑦ 25
x 47

⑧ 68
x 25

⑨ 25
x 34

⑩ 41
x 58

⑪ 28
x 98

⑫ 83
x 34

Day 44

2 Digits x 2 Digits

Name: _____

Score:

① 25
x 47

② 33
x 48

③ 92
x 24

④ 34
x 48

⑤ 23
x 24

⑥ 51
x 35

⑦ 34
x 99

⑧ 35
x 85

⑨ 66
x 14

⑩ 25
x 47

⑪ 51
x 53

⑫ 71
x 25

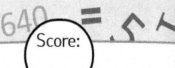

Name: _____

Score:

① 83
x 19

② 95
x 85

③ 28
x 84

④ 83
x 84

⑤ 28
x 27

⑥ 85
x 20

⑦ 84
x 28

⑧ 28
x 91

⑨ 17
x 29

⑩ 38
x 94

⑪ 39
x 96

⑫ 79
x 96

Day 46
2 Digits x 2 Digits

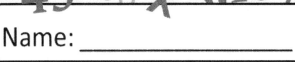

Name: _____

Score:

① 73
  x 22

② 37
  x 51

③ 80
  x 35

④ 96
  x 41

⑤ 57
  x 76

⑥ 28
  x 93

⑦ 12
  x 49

⑧ 48
  x 90

⑨ 66
  x 42

⑩ 27
  x 35

⑪ 21
  x 18

⑫ 67
  x 43

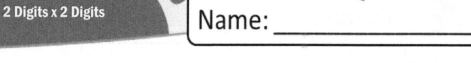

Name: _____

Score:

① 48
x 84

② 89
x 48

③ 90
x 39

④ 82
x 79

⑤ 92
x 83

⑥ 78
x 83

⑦ 39
x 29

⑧ 89
x 82

⑨ 50
x 28

⑩ 29
x 49

⑪ 93
x 38

⑫ 50
x 33

Name: _____

Score:

① 26
x 19

② 89
x 67

③ 25
x 67

④ 20
x 78

⑤ 99
x 67

⑥ 69
x 33

⑦ 82
x 71

⑧ 18
x 82

⑨ 72
x 18

⑩ 71
x 82

⑪ 82
x 90

⑫ 72
x 17

Day 49
2 Digits x 2 Digits

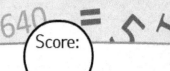

Name: _____

Score:

① 18
x 38

② 82
x 70

③ 17
x 83

④ 89
x 92

⑤ 82
x 99

⑥ 48
x 94

⑦ 88
x 38

⑧ 92
x 58

⑨ 93
x 69

⑩ 94
x 96

⑪ 96
x 87

⑫ 83
x 71

Name: _____

Score:

① 28
x 89

② 84
x 58

③ 69
x 85

④ 82
x 72

⑤ 74
x 96

⑥ 57
x 59

⑦ 98
x 76

⑧ 76
x 65

⑨ 63
x 86

⑩ 97
x 54

⑪ 76
x 77

⑫ 90
x 55

Name: _____

Score:

① 85
x 87

② 98
x 55

③ 87
x 54

④ 95
x 17

⑤ 99
x 26

⑥ 87
x 22

⑦ 98
x 11

⑧ 97
x 54

⑨ 87
x 18

⑩ 97
x 17

⑪ 58
x 27

⑫ 66
x 47

Name: _____

Score:

① 17
x 98

② 74
x 78

③ 27
x 18

④ 89
x 66

⑤ 48
x 95

⑥ 19
x 87

⑦ 75
x 83

⑧ 76
x 72

⑨ 85
x 98

⑩ 76
x 64

⑪ 95
x 85

⑫ 82
x 96

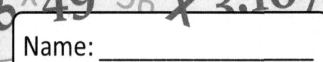 

Name: _____

Score:

①   72
   x 82

②   19
   x 85

③   85
   x 98

④   95
   x 73

⑤   97
   x 18

⑥   22
   x 74

⑦   85
   x 19

⑧   92
   x 85

⑨   94
   x 83

⑩   24
   x 94

⑪   93
   x 98

⑫   85
   x 83

Name: _____

① 63
x 82

② 84
x 97

③ 41
x 84

④ 72
x 97

⑤ 84
x 55

⑥ 96
x 18

⑦ 86
x 95

⑧ 74
x 62

⑨ 43
x 85

⑩ 13
x 82

⑪ 92
x 72

⑫ 86
x 75

Name: _____

Score:

① 72
x 17

② 94
x 87

③ 93
x 73

④ 98
x 76

⑤ 87
x 87

⑥ 21
x 87

⑦ 64
x 93

⑧ 33
x 22

⑨ 86
x 65

⑩ 95
x 83

⑪ 97
x 72

⑫ 97
x 54

Name: _____

Score:

① 73
x 77

② 86
x 10

③ 66
x 98

④ 65
x 44

⑤ 76
x 54

⑥ 97
x 65

⑦ 87
x 63

⑧ 17
x 56

⑨ 63
x 97

⑩ 99
x 11

⑪ 76
x 10

⑫ 72
x 76

Name: _____

Score:

① 15
x 92

② 88
x 62

③ 81
x 98

④ 87
x 63

⑤ 84
x 71

⑥ 77
x 84

⑦ 87
x 97

⑧ 63
x 69

⑨ 74
x 85

⑩ 98
x 18

⑪ 95
x 81

⑫ 97
x 18

Name: _____

① 85
x 87

② 92
x 75

③ 31
x 59

④ 69
x 49

⑤ 59
x 46

⑥ 65
x 38

⑦ 19
x 17

⑧ 88
x 26

⑨ 95
x 48

⑩ 36
x 64

⑪ 66
x 58

⑫ 23
x 48

Day 59
2 Digits x 2 Digits

Name: _____

Score:

① 59
x 74

② 69
x 15

③ 18
x 36

④ 82
x 25

⑤ 28
x 39

⑥ 39
x 28

⑦ 76
x 39

⑧ 25
x 11

⑨ 18
x 11

⑩ 58
x 39

⑪ 79
x 99

⑫ 28
x 39

Day 60
2 Digits x 2 Digits

① 26
x 58

② 29
x 98

③ 26
x 19

④ 25
x 18

⑤ 63
x 45

⑥ 95
x 17

⑦ 29
x 96

⑧ 24
x 42

⑨ 28
x 29

⑩ 96
x 69

⑪ 75
x 94

⑫ 83
x 18

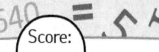

Name: _____

Score:

① 299
x 58

② 56
x 7454

③ 936
x 97

④ 58
x 284

⑤ 329
x 33

⑥ 17
x 1368

⑦ 596
x 29

5364
11920
+17284

⑧ 64
x 592

Name: _____

Score:

① 298
x 61

② 2687
x 55

③ 69
x 6895

④ 17
x 1068

⑤ 359
x 80

⑥ 958
x 94

⑦ 34
x 716

⑧ 896
x 72

Name: _____

Score:

① 272
x 84

② 1848
x 93

③ 32
x 8474

④ 83
x 746

⑤ 472
x 8

⑥ 8387
x 9

⑦ 563
x 6

⑧ 783
x 6

Name: _____

Score:

① 57
x 439

② 4392
x 53

③ 3452
x 11

④ 24
x 296

⑤ 505
x 28

⑥ 62
x 3493

⑦ 748
x 19

⑧ 47
x 580

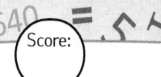

Name: _____

Score:

① 937
x 30

② 9686
x 95

③ 74
x 4985

④ 93
x 837

⑤ 75
x 8002

⑥ 36
x 5713

⑦ 947
x 43

⑧ 753
x 87

Day 66

3 & 4 Digits x 2 Digits

Name: _____

Score:

① 186
x 87

② 889
x 69

③ 38
x 8470

④ 43
x 262

⑤ 932
x 28

⑥ 73
x 451

⑦ 8338
x 65

⑧ 83
x 174

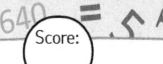

Name: _____

Score:

① 917
x 92

② 830
x 99

③ 718
x 35

④ 62
x 837

⑤ 37
x 438

⑥ 747
x 51

⑦ 49
x 6050

⑧ 3289
x 26

Name: _____

Score:

① 586
x 58

② 5842
x 25

③ 28
x 1967

④ 18
x 924

⑤ 689
x 56

⑥ 1743
x 20

⑦ 259
x 38

⑧ 94
x 421

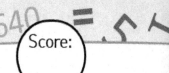

Name: _____

Score:

①   64
x 811

②   18
x 932

③ 6137
x   29

④   84
x 847

⑤   947
x   57

⑥ 8363
x   14

⑦   62
x 435

⑧   628
x   90

Name: _____

Score:

① 718
x 83

② 6279
x 82

③   72
x 8219

④   23
x 890

⑤ 372
x 32

⑥ 9202
x 47

⑦   99
x 3615

⑧ 728
x 64

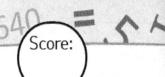

Name: _____

Score:

① 562
x 29

② 8127
x 46

③ 37
x 6875

④ 58
x 657

⑤ 80
x 520

⑥ 156
x 68

⑦ 4716
x 81

⑧ 33
x 475

Day 72
3 & 4 Digits x 2 Digits

Name: _____

Score:

① 859
x 93

② 783
x 90

③ 89
x 989

④ 99
x 3438

⑤ 45
x 4023

⑥ 97
x 482

⑦ 937
x 82

⑧ 7000
x 64

© Libro Studio LLC 2019

Day 73
3 & 4 Digits x 2 Digits

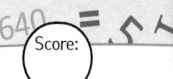

Name: _____

Score:

① 796
x 26

② 15
x 528

③ 26
x 9825

④ 25
x 2454

⑤ 185
x 56

⑥ 9968
x 30

⑦ 693
x 18

⑧ 4085
x 93

Name: _____

Score:

① 174
x 39

② 9719
x 58

③ 28
x 3574

④ 48
x 545

⑤ 289
x 43

⑥ 9018
x 78

⑦ 24
x 1183

⑧ 295
x 60

Name: _____

Score:

① 98
x 245

② 732
x 73

③ 54
x 8729

④ 82
x 419

⑤ 829
x 54

⑥ 23
x 713

⑦ 12
x 4533

⑧ 829
x 41

Name: _____

Score:

① 389
x 99

② 8428
x 58

③ 63
x 2431

④ 96
x 978

⑤ 52
x 434

⑥ 7786
x 29

⑦ 263
x 74

⑧ 31
x 692

Name: _____

Score:

① 192
x 12

② 8504
x 69

③ 97
x 9483

④ 4927
x 63

⑤ 117
x 53

⑥ 4000
x 62

⑦ 290
x 47

⑧ 586
x 22

Name: _____

Score:

①   32
x 1538

②   75
x 487

③   58
x 3974

④   58
x 510

⑤   68
x 736

⑥   892
x 41

⑦   2197
x   30

⑧   56
x 241

Name: _____

Score:

① 533
x 89

② 2468
x 10

③ 10
x 8642

④ 90
x 807

⑤ 845
x 79

⑥ 1473
x 28

⑦ 64
x 281

⑧ 484
x 73

Name: _____

Score:

① 85
x 491

② 1595
x 54

③ 482
x 38

④ 52
x 4369

⑤ 200
x 19

⑥ 47
x 368

⑦ 8578
x 26

⑧ 286
x 44

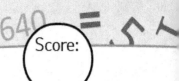

Name: _____

Score:

① 38
59
x 17

② 2
10
x 45

③ 64
21
x 5

④ 27
83
x 99

⑤ 4
9
x 2

⑥ 11
72
x 45

⑦ 50
80
x 6

⑧ 7
66
x 9

Day 82
Multiplying 3 Numbers

Name: _____

① 92
   98
x 11

②   8
  90
x 72

③   8
  93
x 8

④ 56
  35
x 56

⑤ 37
  10
x 9

⑥ 90
  89
x 70

⑦ 78
  90
x 3

⑧ 22
  69
x 5

Name: _____

Score:

① 79
66
x 16

② 15
47
x 55

③ 69
65
x 9

④ 25
68
x 59

⑤ 84
24
x 34

⑥ 67
7
x 36

⑦ 18
36
x 9

⑧ 47
88
x 15

Name: _____

Score:

①   48
      5
x 27

②   78
     80
x 17

③   60
    59
x   6

④   6
    53
x 24

⑤   60
    46
x 9

⑥   17
     2
x 89

⑦   4
    9
x 79

⑧   46
    68
x   4

Name: _____

Score:

① 37
   48
x 48

②   9
  11
x 80

③ 59
  96
x 6

④ 69
  68
x 15

⑤   9
  18
x 53

⑥ 65
  78
x 35

⑦   3
  39
x 41

⑧   8
  69
x 7

Name: _____

Score:

①	99	②	25	③	13	④	98
	4		43		56		78
	x 78		x 78		x 14		x 57

⑤	95	⑥	19	⑦	78	⑧	74
	20		89		58		52
	x 60		x 57		x 9		x 2

Name: _____

Score:

①   98
     60
x 50

②   34
     50
x 52

③   87
     90
x 6

④   78
     56
x 17

⑤   16
     12
x 11

⑥   78
      6
x 95

⑦   57
      8
x 96

⑧   35
     99
x 71

Name: _____

Score:

① 57
49
x 19

② 7
88
x 42

③ 3
81
x 9

④ 25
77
x 84

⑤ 27
9
x 48

⑥ 6
7
x 9

⑦ 79
90
x 4

⑧ 34
77
x 8

Name: _____

Score:

①   18
     19
   x 17

②   72
     89
   x 49

③   79
     6
   x 50

④   67
     12
   x 56

⑤   37
     23
   x 8

⑥   24
     7
   x 4

⑦   22
     98
   x 24

⑧   40
     33
   x 16

Name: _____

① 46
   45
x 98

② 99
   16
x 59

③ 89
   69
x 9

④ 21
   48
x 39

⑤ 36
    8
x 3

⑥ 95
   36
x 89

⑦ 28
   39
x 9

⑧   9
  88
x 9

Name: _____

Score:

①   39
      81
   x 27

②   2
      99
   x 49

③   99
       3
   x 9

④   95
      42
   x 58

⑤   23
      73
   x 8

⑥   36
       4
   x 87

⑦   58
      98
   x 9

⑧   62
      80
   x 52

Name: _____

Score:

① 67
     90
 x 57

② 32
     70
 x 9

③ 85
     94
 x 6

④ 97
     5
 x 3

⑤ 30
     25
 x 10

⑥ 78
     89
 x 99

⑦   7
     90
 x 34

⑧ 63
     21
 x 56

Name: _____

Score:

①   9
     5
x 7

②   9
   78
x 70

③   73
   10
x 8

④   79
   38
x 78

⑤   74
    8
x 5

⑥   15
   46
x 29

⑦   10
   90
x 80

⑧   1
   10
x 26

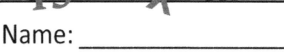

Name: _____

Score:

① 78
   4
x 12

② 43
  11
x 89

③ 8
  2
x 63

④ 28
 35
x 39

⑤ 83
 28
x 2

⑥ 10
 89
x 44

⑦ 97
 36
x 6

⑧ 62
 33
x 40

Name: _____

Score:

① 58
   29
x 37

② 72
   8
x 8

③ 28
  11
x 6

④ 70
  96
x 49

⑤ 4
  62
x 95

⑥ 19
   3
x 95

⑦ 57
  88
x 3

⑧ 8
  68
x 6

Name: _____

Score:

①   28
     7
x 89

②   87
    32
x 77

③   21
    11
x 83

④   88
    14
x 20

⑤   55
    55
x 3

⑥   20
    93
x 90

⑦   78
    89
x 6

⑧   36
    57
x 5

Name: _____

Score:

① 47
   19
x 4

② 9
  90
x 24

③ 28
  28
x 8

④ 47
  56
x 3

⑤ 34
  8
x 7

⑥ 5
  43
x 65

⑦ 25
  41
x 74

⑧ 7
  25
x 16

Name: _____

Score:

① 14
62
x 16

② 81
12
x 16

③ 25
77
x 3

④ 21
12
x 74

⑤ 11
2
x 3

⑥ 21
31
x 45

⑦ 76
7
x 23

⑧ 48
12
x 6

Name: _____

Score:

① 54
   12
x 2

② 8
  12
x 3

③ 12
  83
x 1

④ 71
   4
x 89

⑤ 4
 71
x 19

⑥ 44
  12
x 54

⑦ 53
  82
x 12

⑧ 8
 12
x 8

Day 100
Multiplying 3 Numbers

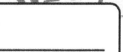

Name: _____

Score:

① 87	② 8	③ 5	④ 24
9	11	12	2
x 21	x 88	x 2	x 76

⑤ 21	⑥ 25	⑦ 5	⑧ 2
4	43	45	4
x 2	x 55	x 1	x 62

162
x 8
496

Answer Key

Day 1:
1) 287 2) 68 3) 498 4) 135
5) 180 6) 276 7) 192 8) 414
9) 45 10) 192 11) 186 12) 192
13) 385 14) 270 15) 224 16) 408

Day 2:
1) 210 2) 310 3) 728 4) 434
5) 94 6) 140 7) 219 8) 152
9) 39 10) 511 11) 738 12) 576
13) 256 14) 270 15) 246 16) 792

Day 3:
1) 455 2) 216 3) 176 4) 210
5) 164 6) 410 7) 296 8) 288
9) 120 10) 396 11) 156 12) 592
13) 492 14) 240 15) 270 16) 357

Day 4:
1) 184 2) 213 3) 189 4) 574
5) 712 6) 70 7) 238 8) 192
9) 315 10) 664 11) 264 12) 308
13) 294 14) 396 15) 186 16) 150

Day 5:
1) 108 2) 129 3) 336 4) 207
5) 204 6) 108 7) 432 8) 497
9) 238 10) 164 11) 352 12) 574
13) 474 14) 275 15) 166 16) 48

Day 6:
1) 96 2) 84 3) 595 4) 420
5) 112 6) 288 7) 90 8) 160
9) 224 10) 225 11) 196 12) 258
13) 552 14) 420 15) 84 16) 472

Day 7:
1) 186 2) 154 3) 184 4) 232
5) 512 6) 82 7) 72 8) 180
9) 168 10) 315 11) 549 12) 116
13) 201 14) 168 15) 104 16) 287

Day 8:
1) 175 2) 301 3) 192 4) 172
5) 112 6) 792 7) 288 8) 138
9) 288 10) 408 11) 252 12) 215
13) 792 14) 292 15) 168 16) 192

Day 9:
1) 186 2) 168 3) 460 4) 106
5) 432 6) 410 7) 264 8) 128
9) 675 10) 192 11) 168 12) 147
13) 129 14) 574 15) 348 16) 392

Day 10:
1) 184 2) 192 3) 84 4) 78
5) 154 6) 84 7) 504 8) 415
9) 350 10) 114 11) 57 12) 104
13) 237 14) 166 15) 384 16) 336

Day 11:
1) 432 2) 210 3) 240 4) 48
5) 162 6) 637 7) 504 8) 632
9) 252 10) 65 11) 476 12) 190
13) 420 14) 343 15) 184 16) 455

Day 12:
1) 460 2) 288 3) 693 4) 152
5) 217 6) 204 7) 188 8) 196
9) 531 10) 392 11) 435 12) 552
13) 468 14) 665 15) 192 16) 350

Day 13:
1) 336 2) 177 3) 225 4) 260
5) 135 6) 392 7) 156 8) 150
9) 90 10) 231 11) 48 12) 208
13) 120 14) 228 15) 441 16) 85

Day 14:
1) 196 2) 243 3) 68 4) 78
5) 504 6) 245 7) 810 8) 243
9) 476 10) 205 11) 117 12) 78
13) 765 14) 444 15) 170 16) 216

Day 15:
1) 249 2) 162 3) 240 4) 342
5) 60 6) 343 7) 196 8) 220
9) 266 10) 144 11) 208 12) 396
13) 114 14) 192 15) 78 16) 396

Day 16:
1) 240 2) 240 3) 81 4) 486
5) 88 6) 603 7) 348 8) 464
9) 232 10) 536 11) 105 12) 54
13) 144 14) 204 15) 392 16) 118

Day 17:
1) 290 2) 144 3) 392 4) 87
5) 475 6) 300 7) 72 8) 282
9) 711 10) 295 11) 240 12) 420
13) 588 14) 423 15) 192 16) 255

Day 18:
1) 434 2) 200 3) 162 4) 189
5) 50 6) 196 7) 720 8) 665
9) 243 10) 200 11) 594 12) 196
13) 392 14) 702 15) 144 16) 237

Day 19:
1) 201 2) 147 3) 360 4) 495
5) 240 6) 333 7) 760 8) 413
9) 114 10) 616 11) 96 12) 177
13) 275 14) 92 15) 468 16) 296

Day 20:
1) 200 2) 406 3) 85 4) 215
5) 266 6) 639 7) 264 8) 245
9) 162 10) 376 11) 304 12) 140
13) 144 14) 680 15) 693 16) 174

Day 21:
1) 3,717 2) 8,943 3) 3,160 4) 24,318
5) 730 6) 3,012 7) 4,136 8) 2,984
9) 5,340 10) 9,220 11) 2,367 12) 46,907

Day 22:
1) 44,964 2) 14,952 3) 1,184 4) 37,386
5) 2,220 6) 14,157 7) 1,960 8) 2,992
9) 9,532 10) 7,760 11) 11,955 12) 39,608

Day 23:
1) 4,168 2) 15,948 3) 83,322 4) 29,154
5) 1,925 6) 12,048 7) 648 8) 6,195
9) 25,746 10) 7,816 11) 1,400 12) 39,688

Day 24:
1) 1,278 2) 43,896 3) 828 4) 10,095
5) 15,078 6) 4,680 7) 1,320 8) 6,942
9) 14,496 10) 1,560 11) 2,988 12) 1,757

Day 25:
1) 987 2) 20,826 3) 3,072 4) 34,576
5) 29,664 6) 690 7) 5,964 8) 18,656
9) 1,122 10) 19,590 11) 5,859 12) 6,392

Day 26:
1) 854 2) 980 3) 1,455 4) 2,254
5) 2,079 6) 15,568 7) 4,666 8) 38,230
9) 11,404 10) 1,302 11) 6,556 12) 7,872

Day 27:
1) 892 2) 6,694 3) 1,488 4) 3,776
5) 21,160 6) 14,098 7) 24,579 8) 39,272
9) 468 10) 4,028 11) 1,841 12) 11,646

Day 28:
1) 16,877 2) 1,089 3) 4,557 4) 13,908
5) 498 6) 1,200 7) 5,123 8) 6,216
9) 16,070 10) 29,502 11) 14,448 12) 74,272

Day 29:
1) 12,295 2) 38,524 3) 27,867 4) 1,845
5) 2,884 6) 760 7) 64,596 8) 6,902
9) 5,544 10) 10,065 11) 1,476 12) 34,084

Day 30:
1) 9,696 2) 1,656 3) 9,364 4) 603
5) 7,400 6) 6,051 7) 1,617 8) 651
9) 1,998 10) 12,726 11) 2,772 12) 3,030

Day 31:
1) 574 2) 83,277 3) 999 4) 1,608
5) 7,775 6) 4,040 7) 2,544 8) 2,778
9) 7,616 10) 76,869 11) 19,299 12) 1,605

Day 32:
1) 645 2) 19,982 3) 4,112 4) 16,198
5) 18,776 6) 400 7) 2,786 8) 9,284
9) 1,884 10) 29,770 11) 17,092 12) 70,569

Answer Key

Day 33:
1) 992 2) 2,009 3) 1,176 4) 14,105
5) 2,555 6) 2,036 7) 7,702 8) 4,235
9) 4,490 10) 58,544 11) 1,660 12) 20,301

Day 34:
1) 852 2) 11,105 3) 5,064 4) 1,928
5) 10,297 6) 2,092 7) 38,565 8) 1,383
9) 14,124 10) 2,136 11) 1,974 12) 8,743

Day 35:
1) 25,067 2) 3,705 3) 12,872 4) 9,867
5) 6,426 6) 10,100 7) 8,892 8) 8,991
9) 9,744 10) 3,333 11) 6,741 12) 4,294

Day 36:
1) 51,204 2) 9,478 3) 2,576 4) 7,296
5) 2,172 6) 1,416 7) 5,568 8) 17,912
9) 23,580 10) 36,988 11) 914 12) 16,842

Day 37:
1) 2,348 2) 14,938 3) 3,471 4) 4,712
5) 19,288 6) 8,892 7) 48,664 8) 1,404
9) 1,173 10) 41,712 11) 468 12) 4,860

Day 38:
1) 744 2) 6,430 3) 2,884 4) 26,064
5) 56,346 6) 12,856 7) 5,742 8) 1,353
9) 26,048 10) 3,565 11) 874 12) 55,416

Day 39:
1) 16,037 2) 1,725 3) 642 4) 8,944
5) 39,109 6) 2,956 7) 27,000 8) 23,912
9) 4,615 10) 19,735 11) 8,676 12) 6,918

Day 40:
1) 1,386 2) 6,296 3) 4,725 4) 2,648
5) 2,568 6) 36,576 7) 2,506 8) 37,896
9) 3,408 10) 1,240 11) 2,835 12) 4,036

Day 41:
1) 3,567 2) 2,108 3) 2,158 4) 405
5) 1,080 6) 8,556 7) 1,944 8) 2,254
9) 1,245 10) 2,592 11) 3,441 12) 2,560

Day 42:
1) 625 2) 1,008 3) 714 4) 3,038
5) 918 6) 434 7) 1,600 8) 210
9) 555 10) 4,524 11) 210 12) 8,100

Day 43:
1) 1,071 2) 2,618 3) 2,475 4) 3,393
5) 2,025 6) 5,082 7) 1,175 8) 1,700
9) 850 10) 2,378 11) 2,744 12) 2,822

Day 44:
1) 1,175 2) 1,584 3) 2,208 4) 1,632
5) 552 6) 1,785 7) 3,366 8) 2,975
9) 924 10) 1,175 11) 2,703 12) 1,775

Day 45:
1) 1,577 2) 8,075 3) 2,352 4) 6,972
5) 756 6) 1,700 7) 2,352 8) 2,548
9) 493 10) 3,572 11) 3,744 12) 7,584

Day 46:
1) 1,606 2) 1,887 3) 2,800 4) 3,936
5) 4,332 6) 2,604 7) 588 8) 4,320
9) 2,772 10) 945 11) 378 12) 2,881

Day 47:
1) 4,032 2) 4,272 3) 3,510 4) 6,478
5) 7,636 6) 6,474 7) 1,131 8) 7,298
9) 1,400 10) 1,421 11) 3,534 12) 1,650

Day 48:
1) 494 2) 5,963 3) 1,675 4) 1,560
5) 6,633 6) 2,277 7) 5,822 8) 1,476
9) 1,296 10) 5,822 11) 7,380 12) 1,224

Day 49:
1) 684 2) 5,740 3) 1,411 4) 8,188
5) 8,118 6) 4,512 7) 3,344 8) 5,336
9) 6,417 10) 9,024 11) 8,352 12) 5,893

Day 50:
1) 2,492 2) 4,872 3) 5,865 4) 5,904
5) 7,104 6) 3,363 7) 7,448 8) 4,940
9) 5,418 10) 5,238 11) 5,852 12) 4,950

Day 51:
1) 7,395 2) 5,390 3) 4,698 4) 1,615
5) 2,574 6) 1,914 7) 1,078 8) 5,238
9) 1,566 10) 1,649 11) 1,566 12) 3,102

Day 52:
1) 1,666 2) 5,772 3) 486 4) 5,874
5) 4,560 6) 1,653 7) 6,225 8) 5,472
9) 8,330 10) 4,864 11) 8,075 12) 7,872

Day 53:
1) 5,904 2) 1,615 3) 8,330 4) 6,935
5) 1,746 6) 1,628 7) 1,615 8) 7,820
9) 7,802 10) 2,256 11) 9,114 12) 7,055

Day 54:
1) 5,166 2) 8,148 3) 3,444 4) 6,984
5) 4,620 6) 1,728 7) 8,170 8) 4,588
9) 3,655 10) 1,066 11) 6,624 12) 6,450

Day 55:
1) 1,224 2) 8,178 3) 6,789 4) 7,448
5) 7,569 6) 1,827 7) 5,952 8) 726
9) 5,590 10) 7,885 11) 6,984 12) 5,238

Day 56:
1) 5,621 2) 860 3) 6,468 4) 2,860
5) 4,104 6) 6,305 7) 5,481 8) 952
9) 6,111 10) 1,089 11) 760 12) 5,472

Day 57:
1) 1,380 2) 5,456 3) 7,938 4) 5,481
5) 5,964 6) 6,468 7) 8,439 8) 4,347
9) 6,290 10) 1,764 11) 7,695 12) 1,746

Day 58:
1) 7,395 2) 6,900 3) 1,829 4) 3,381
5) 2,714 6) 2,470 7) 323 8) 2,288
9) 4,560 10) 2,304 11) 3,828 12) 1,104

Day 59:
1) 4,366 2) 1,035 3) 648 4) 2,050
5) 1,092 6) 1,092 7) 2,964 8) 275
9) 198 10) 2,262 11) 7,821 12) 1,092

Day 60:
1) 1,508 2) 2,842 3) 494 4) 450
5) 2,835 6) 1,615 7) 2,784 8) 1,008
9) 812 10) 6,624 11) 7,050 12) 1,494

Day 61:
1) 17,342 2) 417,424 3) 90,792 4) 16,472
5) 10,857 6) 23,256 7) 17,284 8) 37,888

Day 62:
1) 18,178 2) 147,785 3) 475,755 4) 18,156
5) 28,720 6) 90,052 7) 24,344 8) 64,512

Day 63:
1) 22,848 2) 171,864 3) 271,168 4) 61,918
5) 3,776 6) 75,483 7) 3,378 8) 4,698

Day 64:
1) 25,023 2) 232,776 3) 37,972 4) 7,104
5) 14,140 6) 216,566 7) 14,212 8) 27,260

Day 65:
1) 28,110 2) 920,170 3) 368,890 4) 77,841
5) 600,150 6) 205,668 7) 40,721 8) 65,511

Day 66:
1) 16,182 2) 61,341 3) 321,860 4) 11,266
5) 26,096 6) 32,923 7) 541,970 8) 14,442

Day 67:
1) 84,364 2) 82,170 3) 25,130 4) 51,894
5) 16,206 6) 38,097 7) 296,450 8) 85,514

Day 68:
1) 33,988 2) 146,050 3) 55,076 4) 16,632
5) 38,584 6) 34,860 7) 9,842 8) 39,574

Day 69:
1) 51,904 2) 16,776 3) 177,973 4) 71,148
5) 53,979 6) 117,082 7) 26,970 8) 56,520

Day 70:
1) 59,594 2) 514,878 3) 591,768 4) 20,470
5) 11,904 6) 432,494 7) 357,885 8) 46,592

Day 71:
1) 16,298 2) 373,842 3) 254,375 4) 38,106
5) 41,600 6) 10,608 7) 381,996 8) 15,675

Day 72:
1) 79,887 2) 70,470 3) 88,021 4) 340,362
5) 181,035 6) 46,754 7) 76,834 8) 448,000

Day 73:
1) 20,696 2) 7,920 3) 255,450 4) 61,350
5) 10,360 6) 299,040 7) 12,474 8) 379,905

Answer Key

Day 74:
1) 6,786 2) 563,702 3) 100,072 4) 26,160
5) 12,427 6) 703,404 7) 28,392 8) 17,700

Day 75:
1) 24,010 2) 53,436 3) 471,366 4) 34,358
5) 44,766 6) 16,399 7) 54,396 8) 33,989

Day 76:
1) 38,511 2) 488,824 3) 153,153 4) 93,888
5) 22,568 6) 225,794 7) 19,462 8) 21,452

Day 77:
1) 2,304 2) 586,776 3) 919,851 4) 310,401
5) 6,201 6) 248,000 7) 13,630 8) 12,892

Day 78:
1) 49,216 2) 36,525 3) 230,492 4) 29,580
5) 50,048 6) 36,572 7) 65,910 8) 13,496

Day 79:
1) 47,437 2) 24,680 3) 86,420 4) 72,630
5) 66,755 6) 41,244 7) 17,984 8) 35,332

Day 80:
1) 41,735 2) 86,130 3) 18,316 4) 227,188
5) 3,800 6) 17,296 7) 223,028 8) 12,584

Day 81:
1) 38,114 2) 900 3) 6,720 4) 221,859
5) 72 6) 35,640 7) 24,000 8) 4,158

Day 82:
1) 99,176 2) 51,840 3) 5,952 4) 109,760
5) 3,330 6) 560,700 7) 21,060 8) 7,590

Day 83:
1) 83,424 2) 38,775 3) 40,365 4) 100,300
5) 68,544 6) 16,884 7) 5,832 8) 62,040

Day 84:
1) 6,480 2) 106,080 3) 21,240 4) 7,632
5) 24,840 6) 3,026 7) 2,844 8) 12,512

Day 85:
1) 85,248 2) 7,920 3) 33,984 4) 70,380
5) 8,586 6) 177,450 7) 4,797 8) 3,864

Day 86:
1) 30,888 2) 83,850 3) 10,192 4) 435,708
5) 114,000 6) 96,387 7) 40,716 8) 7,696

Day 87:
1) 294,000 2) 88,400 3) 46,980 4) 74,256
5) 2,112 6) 44,460 7) 43,776 8) 246,015

Day 88:
1) 53,067 2) 25,872 3) 2,187 4) 161,700
5) 11,664 6) 378 7) 28,440 8) 20,944

Day 89:
1) 5,814 2) 313,992 3) 23,700 4) 45,024
5) 6,808 6) 672 7) 51,744 8) 21,120

Day 90:
1) 202,860 2) 93,456 3) 55,269 4) 39,312
5) 864 6) 304,380 7) 9,828 8) 7,128

Day 91:
1) 85,293 2) 9,702 3) 2,673 4) 231,420
5) 13,432 6) 12,528 7) 51,156 8) 257,920

Day 92:
1) 343,710 2) 20,160 3) 47,940 4) 1,455
5) 7,500 6) 687,258 7) 21,420 8) 74,088

Day 93:
1) 315 2) 49,140 3) 5,840 4) 234,156
5) 2,960 6) 20,010 7) 72,000 8) 260

Day 94:
1) 3,744 2) 42,097 3) 1,008 4) 38,220
5) 4,648 6) 39,160 7) 20,952 8) 81,840

Day 95:
1) 62,234 2) 4,608 3) 1,848 4) 329,280
5) 23,560 6) 5,415 7) 15,048 8) 3,264

Day 96:
1) 17,444 2) 214,368 3) 19,173 4) 24,640
5) 9,075 6) 167,400 7) 41,652 8) 10,260

Day 97:
1) 3,572 2) 19,440 3) 6,272 4) 7,896
5) 1,904 6) 13,975 7) 75,850 8) 2,800

Day 98:
1) 13,888 2) 15,552 3) 5,775 4) 18,648
5) 66 6) 29,295 7) 12,236 8) 3,456

Day 99:
1) 1,296 2) 288 3) 996 4) 25,276
5) 5,396 6) 28,512 7) 52,152 8) 768

Day 100:
1) 16,443 2) 7,744 3) 120 4) 3,648
5) 168 6) 59,125 7) 225 8) 496